T0001472

QUERIDO DIARIO

Michelle Rangel

QUERIDO DIARIO

Planeta

© 2023, Michelle Rangel

Ilustraciones de interiores: Michelle Rangel
Diseño de interiores: Alejandra Ruiz Esparza
Créditos de portada: Planeta Arte & Diseño
Fotografía de portada: iStock / cortesía de la autora
Fotografía del autor: Luis Agúndez

© 2023, Editorial Planeta Mexicana, S.A. de C.V.
Bajo el sello editorial PLANETA M.R.
Avenida Presidente Masarik núm. 111,
Piso 2, Polanco V Sección, Miguel Hidalgo
C.P. 11560, Ciudad de México
www.planetadelibros.com.mx

Primera edición en formato epub: agosto de 2023
ISBN: 978-607-39-0428-5

Primera edición impresa en México: agosto de 2023
ISBN: 978-607-39-0484-1

Impreso en los talleres de Litográfica Ingramex, S.A. de C.V.
Centeno núm. 162-1, colonia Granjas Esmeralda, Ciudad de México
Impreso y hecho en México – *Printed and made in Mexico*

Para ti y para mí. Seguimos vivos.
Es suficiente victoria por hoy.

Prólogo

Quizá, y solo quizá, alguien en alguna parte tenga un corazón tan frágil como el mío. Tan agrietado, tan amarrado de dolor. Y quizá, solo quizá, este libro caiga en sus manos y le resulte reconfortante saber que no está solo.

Debes saber que este libro que sostienes es una recopilación de poemas que se han escrito a lo largo de muchas lágrimas y muchos corazones rotos. Sé amable con él, a fin de cuentas tienes una parte de mi corazón entre tus dedos.

Me gustaría advertir que este no es un libro para niños o niñas. Se tocan temas delicados como el abuso, la depresión, la ansiedad, los trastornos alimenticios, el suicidio. Si alguno de estos temas podría poner en riesgo tu estabilidad emocional o tu salud mental, por favor no sigas leyendo. Lo último que quiero es afectar negativamente a alguien.

Quiero que cada poema sea para ti un lugar seguro, un compañero que te entienda y te haga saber que no estás solo, que todo es un proceso y que, en algún punto, es posible llegar a estar bien.

Si este libro ayuda al menos a una persona, sabré que todo ha valido la pena. Espero que sí. Al menos sé que me ayudó a mí.

Créeme. Estaremos bien.

Si puedo evitar que en un corazón sufra,
no viviré en vano;
si puedo aliviar el dolor en una vida,
o sanar una herida
o ayudar a un petirrojo desmayado
a encontrar su nido,
no viviré en vano.

EMILY DICKINSON

Querido diario:

Hoy dejaré que mis heridas sangren,

que sangren en tinta negra,

yo y mi pluma suelta.

Querido diario:

Me quise morir.
Corrección.

Me quise matar.

Corrección.

Me intenté matar.

Así tal cual suena.

Un momento sin planeación, y de pronto la sangre brotaba de mi piel como gotas de amapolas, y las pastillas cerraron mis ojos en el más dulce sueño.

Sí. ¡Sí!

No. ¡No!

Y desperté.

En algún momento me desperté. Cómo quería no hacerlo. Desperté en una camilla de hospital llena

de pipí. Mi pipí y vómito. Mucho vómito.

La culpa. La culpa. La culpa. La culpa. La culpa.

Estaba despierta y la culpa me comía desde adentro hacia afuera, y me ardía en cada cortada…
¿Cómo pude haber fallado?

La vergüenza. La vergüenza. La vergüenza. La vergüenza. La vergüenza.

Estaba despierta.

Oh, cómo quería no estarlo.

Entre que despertaba y deseaba no hacerlo, escuché al doctor hacer un comentario sobre mis dientes: «Están erosionados. Dientes de bulímica». Genial. Luego escuché a una enfermera hablar de mi cabello rosa, a otra comentar sobre mis cortadas y cicatrices. Oí a una más murmurar que las suturas debajo de mis pechos eran porque había nacido como hombre y había transicionado. Entonces prosiguieron a inspeccionar mis partes privadas para comprobar su teoría. Como si no hubiera vivido suficiente humillación. Solo me quedé quieta, con los ojos cerrados, pretendiendo seguir inconsciente. Deseando no estar viva.

Al final decidieron que, en efecto, era mujer de nacimiento. Una vez que pude incorporarme, sentí ganas de vomitar y me tomé la libertad de vaciar mi estómago en los zapatos de una de las enfermeras. Venganza por meter su nariz donde no le corresponde.

El despertar fue la peor parte.

La pregunta.

El «¿por qué?». Siempre es el «¿por qué?».
Nunca «¿desde cuándo?», «¿desde cuándo cargas con esto?».

¿Pero cómo justificas querer terminar con tu vida sin sonar tan dramática? Y acabas de querer terminar con tu vida, ¿por qué te debería importar si suenas dramática?

El punto es que te lo callas. Una vez más, te lo callas. Porque eso es todo lo que has aprendido a hacer desde que eras pequeña…

No digas nada.

Será nuestro secreto.

Es un juego.

Todos los niños juegan con los adultos así.

Pero si dices algo, te irá mal.

Silencio y grietas, y más silencio y más grietas.

Y te callas todo.

El abuso, el dolor, el corazón roto.

Y te mata por dentro; hasta que empiezas a desear que te mate por fuera.

Los ríos que corren por tus brazos, los quieres detener.

Tus pulmones, oh, tus pulmones, deseas incendiarlos, hacerlos cenizas, escupir humo. Dejar de vivir comienza a sonar como canción de cuna.

Como alivio.
Como respirar.

Querido diario:

Me metieron en un hospital psiquiátrico.

Bueno, decir que me metieron es una exageración.

En realidad fue un acuerdo entre mis padres y yo. Es verdad que entré por voluntad propia y firmé unos papeles que lo aclaraban más de una vez, pero realmente lo hice por ellos.

La culpa. La culpa. La culpa. La culpa. La culpa.

Lo hice por su paz. Ya los había hecho sufrir demasiado.

La maldita culpa. Siempre persiguiéndome.

Mi pobre madre. Soy la hija de mi padre, lastimando a mi madre. Sus ojitos implorando un «¿por qué?». Las dos llorando en el piso. Jamás olvidaré su mirada. Sus manos aferrándose a las mías como si pudiera perderme en cualquier momento. La verdad es que así era. Ella iba a perderme en cualquier momento. Por eso decidimos internarme.

Yo era oficialmente un riesgo para mi propia vida.

Qué emocionante.

¡Cuánto poder!

Mi vida podría colgar de un hilo y yo sería la teje-dora principal.

Me agradaba tener esa clase de poder, esa clase de control. Poder terminar con mi vida en cualquier momento.

Supongo que eso es lo que he buscado por mucho tiempo.

Lo que he querido por mucho tiempo.

control
control
control
control
control

Querido diario:

Odio las cucarachas.

Es una larga y dolorosa historia de abuso que no merece la pena contar por ahora.

Acá en el hospital hay varias cucarachas. Ya me ha tocado ver cuatro. Por más que me disgusten, me encantaría llegar a ver otra solo para que sean cinco. Me gusta el número cinco, siempre cinco. No cuatro, nunca seis, siempre cinco.

Cinco. Cinco. Cinco. Cinco. Cinco.

El problema conmigo y las cucarachas es que en cuanto veo una… pierdo la cabeza. Una cucaracha es tan solo una cucaracha, hasta que mi mente juega conmigo. Mi mente me odia. Mi mente hace que las cucarachas suban por mis piernas y brazos. Se trepan a mi cara y entran a mi boca, se anidan debajo de mi piel y llegan a mis pulmones, y no puedo respirar. De pronto soy una niña de nuevo, pidiéndole al hombre de corbata que me deje en paz, que ya no quiero jugar.

Odio las cucarachas. Odio al hombre de corbata.

En general, podríamos decir que la limpieza no es el fuerte de este hospital. Desde vasos mal lavados y llenos de cosas verdes (¿por qué hay tantas cosas verdes por todas partes?), hasta baños llenos de popó. He negociado con mis doctores (la doctora-no-sé-qué y el doctor-no-sé-cuál) sobre tener mi propia bolsita de toallitas desinfectantes. Así que ahora, cada que quiero ir al baño, puedo pedir mis toallitas. Benditas toallitas. La verdad es que utilizo esas toallitas para todo. Con ellas he limpiado mi cobija, las agarraderas de las puertas, etcétera. Mi psiquiatra le susurró algo al otro doctor sobre un trastorno obsesivo compulsivo, pero creo que están exagerando. Ellos en mi lugar harían lo mismo, estoy segura. Estoy cuerda, muy cuerda y feliz. «Tan cuerda y feliz que estoy aquí, claro», me digo con una sonrisa.

Querido diario:

No hablamos de mi padre.

¿Por qué? Bueno, como toda persona irresponsable, he decidido que mis problemas son gracias y a causa de alguien más. Yo he decidido que ese alguien es mi padre. Esta no es tu típica historia de problemas paternales, no. Mi padre no era alcohólico, no fue un drogadicto, nunca golpeó a mi madre. No, nada de eso. Su único vicio era querer que todo fuera perfecto. Su esposa, sus hijos, su casa, su trabajo. Nada de fallas, nada de pecado, Hijos de Dios. Amén.

Nuestra historia comienza en mi nacimiento. La primera vez que conocí a mi padre era muy joven para entender la vida. La primera impresión que mi padre tuvo de mí es que yo era muy fea. Así fue como, arrodillado, mi padre le pidió a Dios que me hiciera bonita. Vaya, un día en la tierra y ya me estaba juzgando. Increíble.

Supongo que Dios me estaba preparando para el resto de mi vida.

Pero a pesar de tanto juicio, mi padre me enseñó que yo debía ser tratada como princesa. Él era el rey y yo, su «princesita». Dato curioso: mi primer correo electrónico fue «vmrcprincesita@hotmail.com», yuck. Pero eso no viene al caso ahorita. El punto es que mi vida era perfecta, o eso pensaba.

Un fatídico día, en su gran palacio, un hombre de corbata abusó de mí más de una vez. Me decía que no le dijera a nadie, que, si hablaba, mi padre podría perder su trono. Mi mente de niña pequeña sabía lo mucho que mi padre amaba el poder, así que lo callé. Mi padre jamás se enteró. ¿Dónde estaba mi padre cuando yo estaba siendo abusada? ¿Con otra mujer que no era mi madre? Probablemente.

Ahí está mi rencor.

Bueno, también tiene que ver que en repetidas ocasiones mi padre hirió tanto a mi madre que bien pudo haberme herido a mí. Mi madre, mi hermosa madre merecía un amor de cuento de hadas, no estas migajas de cariño que mi padre narcisista le daba. Quizá no debería llamarle así, él leerá esto

recuerdos

y se ofenderá muchísimo. No te preocupes, padre. Te arruino el final: te perdono en las últimas páginas. Por mientras, te aguantas. Así como todos te aguantamos. Así como yo aguanté que no estuvieras para mi rescate todas las veces que el hombre de corbata me tocaba.

Mi mayor miedo es ser igual que mi padre. A veces mi madre me lo dice como insulto, como veneno: «Te pareces mucho a tu padre». A veces mi padre me lo dice con orgullo, como triunfo: «Es que nosotros nos parecemos demasiado».

Me dan ganas de vomitar. Vomitar cucarachas.

Yo seré mejor que mi padre. Lo sé. Debo serlo.

Mi padre debió ser mejor.

Debió haberme rescatado del hombre de corbata.

Debió haber tratado bien a mi madre.

Debió haberla amado.

Debió habernos amado más que a su tonto trabajo.

Debió haberse quedado.

No debió haberse ido de casa.

Debió haber estado ahí para mí.

Debió haber estado en todos mis cumpleaños.

Debió habernos tratado mejor.

Debió no habernos gritado tanto.

Debió no haber sido tan egoísta.

Debió no haber sido tan controlador, tan perfeccio-
nista, tan narcisista, tan voluble, tan histérico, tan
inestable, tan él.

Debió ser amable.

Debió ser mejor.

Debió.

Debió.

Debió.

Debió.

Debió.

27

En realidad comencé diciendo que no iba a hablar de mi padre. Pero, psicóloga, «¿cuál era la pregunta inicial?», pregunté.

«¿Por qué tienes expectativas tan grandes de tu padre, pero no te gusta que él tenga grandes expectativas de ti?».

Mierda.

Querido diario:

La primera vez que pensé en suicidarme, lo hice sentada en las gradas de la iglesia. El gran vitral de la cruz se alzaba sobre mi cabeza. Se veía tan lejos, tan inalcanzable. Siento lo mismo acerca de Dios: tan lejos, tan inalcanzable. Uno pensaría que la escalera de tragedias que subo por la vida me ayudaría a alcanzarlo a Él. Sin embargo, siempre que lo intento resulta inútil, algo sucede que me hace perder la fe. Un abuso aquí, un trastorno diagnosticado allá, un corazón roto acá, y de pronto vuelvo a querer morir. Quizá mi fe nunca fue lo suficientemente fuerte para empezar, quizá no sé qué es lo que es tener fe.

Mi problema con Dios (si es que podemos llamarlo problema, porque eso implicaría que hay una solución de la cual todavía soy ignorante) es que mi vida a veces se siente como un juego de serpientes y escaleras en el que yo ya estaba destinada a perder.

¿Por qué hacerme vivir eso? ¿Por qué hacerme vivir aquello? No lo entiendo, era solo una niña. ¿Dónde estabas tú?

Llegó un punto en mi corta e ingenua vida que me ensucié tanto que decidí enlodarme por completo. Creo que así es como mi corazón se volvió tan frío. Así es que me volví tan hueca, tan deprimida.

La cosa es que no puedes orar que la depresión se vaya nada más. No es algo milagroso. O quizá sí lo es, y simplemente mi fe es más pequeña que un grano de mostaza. El punto es que la primera vez que pensé en suicidarme fue sentada en las gradas de la iglesia.

Querido diario:

Hice amigas en el hospital, por más sorprendente que parezca. Honestamente, hacer amigas nunca ha sido mi fuerte. Corrección. Mantener amigas nunca ha sido mi fuerte. Hacerlas se me da lo suficientemente bien. Es decir, si me hablas, fácil te sigo, pero cuando se trata de mantener amistades a largo plazo… soy la peor. Pero eso no es lo importante.

Lo importante es que hice amigas y están igual que yo. Tenemos de todo un poco: depresivas, anoréxicas, TLP, TOC, bipolares, etcétera… etcétera… Podría contarles mi diagnóstico, pero no sé si confío tanto en ellas. Por mientras les he dicho que tengo depresión, lo cual es verdad. La depresión es tan solo la punta del iceberg, pero ellas no tienen que saberlo.

Acá dentro todo está muy feo, así que tener amigas me viene bien. Juego a que estamos en otro lugar. Que somos un grupo de amigas hospedándonos en un hotel de lujo. Contamos con actividades diarias y personal privado que nos ofrece de comer y nos otorga nuestro medicamento. Somos todas tan amigas que nos bañamos juntas.

Eso del baño ha sido complicado. Resulta que acá no hay cortinas. Me da un ataque de ansiedad cada vez que me baño, «¿y si alguien me ve?… ¿Por qué al-

shh s/s Shh

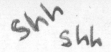

guien quisiera verte?», y así se pelea mi ansiedad con mi baja autoestima. Se lanzan argumentos como en un juego de tenis. Usualmente siempre gana la ansiedad.

Además de no haber cortinas, tampoco tenemos varias cosas que uno consideraría ordinarias. Por ejemplo, a mis tenis les han tenido que quitar las agujetas. No tenemos espejos, no podemos utilizar tijeras, plumas o lápices sin supervisión, no tenemos ventanas a nuestro alcance, no tenemos ni siquiera dispensadores de jabón o papel. Las camas están atornilladas al suelo. ¿Pues qué ha pasado aquí que se han tenido que preparar de esta manera? Solo hacen que mi imaginación vuele. Nunca hubiera pensado en usar agujetas para matarme. «Gracias por las ideas», bromeo con mis amigas, esperando que ninguna enfermera me escuche.

La verdad es que por nada en el mundo intentaría acabar con mi vida aquí. En primera, porque un intento fallido significa más días internada en el hospital. En segunda, porque me meterían al cuarto de observación y nadie, NADIE, quiere estar ahí. Se escuchan gritos desde ahí. A veces otras mujeres cantan alabanzas que terminan sonando a canciones sacadas de una película de terror.

Así que yo me porto bien, tan bien como puedo. Quizá no me termine mis comidas y otorgue abrazos aunque esté estrictamente prohibido, pero me porto bien, tan bien como puedo. Al cabo que aquí adentro nadie está bien.

Querido diario:

La primera vez que vomité tenía doce años.   *Shh*

Quería ser bella, quería ser perfecta. Las dietas y el contar calorías ya no eran suficiente. Lo que comía lo debía vomitar, era lo correcto. Para ser bella y perfecta, claro. Porque en algún momento de mi vida aprendí eso, que ser bella y perfecta significaba no tener panza. Ser tan ligera y agraciada como el viento mismo, no pesar más de 50 kilos. 90, 60, 90. ¿Qué importa que mida 1.60? Yo debía alcanzar estas medidas de una u otra forma.

Yo escogí vomitar. Era mi forma de ganarle a la comida. Si un día me daba un atracón, podía simplemente vomitarlo. Ganaba el control nuevamente.

Control. Control. Control. Control. Control.

Así es que podemos agregar un trastorno de la conducta alimentaria a mi lista de diagnósticos. Hasta ahorita tenemos: depresión y ansiedad con brotes psicóticos, trastorno obsesivo compulsivo y un trastorno de la conducta alimentaria. Y permíteme decir que aún falta la cereza del pastel, la *crème de la crème*, el trastorno de trastornos. Pero eso será para que mi yo del futuro lo cuente. Si es que lo quiere contar.

Quién sabe.

Veremos.

Querido diario:

No hablamos del amor. Porque para hablar de algo debes conocerlo. Tener la certeza de algo, una noción. No estoy segura de tenerlo.

El amor me suena a farsa. Una mentira colectiva que nos hemos inventado para justificar la cara más ingenua de la humanidad. O eso es lo que puedo llegar a pensar en uno de mis días grises. Pero, cuando me siento amarillo… Oh, amarillo. Soy toda esperanza, toda suspiros. Me imagino en uno de esos cuentos de hadas donde la princesa se enamora y vive feliz por siempre. Como si el amor pudiera darme eso: un feliz por siempre.

Para alguien clínicamente deprimido, un feliz por siempre suena como un buen final. Así que obsérvame buscar mi feliz por siempre como si no hubiera un mañana, literalmente. Porque si algo falla, inmediatamente aniquilo la idea del mañana.

No suena muy sano, ¿verdad?

Tampoco creo que sea muy sano que sea capaz

de enamorarme más rápido que cualquier otra persona. Pero es inevitable. ¡Cómo no hacerlo! ¿Has visto a alguien reír hasta que le duela la cara? La mueca de alegría que hacen en el punto máximo de su risa. ¿Has visto un par de manos sostener una flor entre sus dedos? Como si sostuviera todo su amor entre ellos. ¿Has visto a alguien pronunciar tu nombre en forma de promesa? Como si fueran a cumplirla. Quizá soy muy fácil de ganar, quizá me enamoro más de lo normal.

Pero enamorar y amar son dos cosas completamente diferentes. Creo que he amado solo una vez. O quizá dos, o ninguna, no lo sé. Aún no lo sé.

De cualquier forma, le tengo muchas esperanzas al amor, aunque sea una farsa, aunque no sea real, aunque sea inútil. Vivo esperanzada, vivo en suspiros, anhelante. Deseando unir lazos, deseando mi feliz por siempre.

Quizá estoy más enamorada de la idea del amor que lo que estoy dispuesta a amar a mi enamorado. Quizá por eso termino alejando a todos, quizá por eso termino con todos.

Pero no, no hablemos del amor.

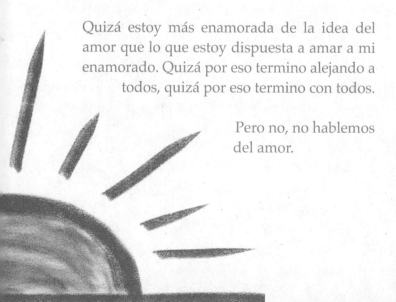

Querido diario:

En algún momento te acostumbras. Te acostumbras al dolor. Lo cuelgas en la entrada de tu casa como impermeable y te lo pones cada que sales. Es fácil, realmente. No debería resultar alarmante. Hasta que empiezas a sonreír como si no doliera, a caminar como si no sintieras el peso del mundo entero en tu espalda. Bien podría cambiarme el nombre a Atlas.

Llevo este impermeable a todas partes. Todos sabemos que no está lloviendo, al menos no allá afuera. Pero acá dentro, tengo una tormenta que no cesa. Y las cuerdas me siguen cual serpientes, se meten en mis bolsillos, siempre presentes.

Mi psicóloga me dijo que yo hablo del dolor como si todo estuviera bien. Ella tiende a preguntarme «¿cómo estás?».

Bien. Siempre bien.

No muestres lo feo.
Las grietas, siempre las grietas.

Esas no se muestran.

Estoy bien.

Estoy bien.

Estoy bien.

Estoy bien.

Estoy bien.

Y vuelve a preguntar: «¿Cómo estás?».

Y me derrumbo.

«Tengo una tormenta que no cesa», finalmente respondo.

SHHH... SHHH...

Existen cuerdas que serpentean de noche,
se suben a tu cama y se enredan en tus pies.

Existen cuerdas que se trepan en tus pestañas,
se meten en tus ojos, y flotan como balsas
en el agua salada,
comienza el tsunami y todos corren.

Existen cuerdas que vienen en recuerdos.
Recuerdos de dedos indeseados,
de dedos que recorren tu silueta,
dedos exigiendo tu silencio.

Y solo te queda alcanzar
el agua salada
de tus ojos infantiles,
imaginar que estás en una balsa
y zarpas lejos,
lejos de las cuerdas.

Siempre las cuerdas,
los dedos.

Entonces empiezas a desear:
ojalá tuvieras una cuerda
que te asfixie de verdad.

¿Cuántas lágrimas le caben a esta tristeza?
¿Y cuánta tristeza le cabe a este corazón?

¿Y cuánto corazón le queda
a este cuerpo,
para creer que vale la pena
seguir existiendo?

Soy
la primera hoja que cae en el otoño,
la última luz del sol sobre el horizonte,
el primer viento que huye del este,
y el último latir de un pájaro herido.

Soy la fragilidad del cristal
convertida en polvo,
soy la primera nube gris
que trae la tormenta.

Me desmorono en migajas,
los cuervos llegan agitando sus alas,
me comen los ojos,
se burlan de mi mirada.

Soy tan fuerte
como quien sostiene el mundo en su espalda,
tan débil
como quien no puede cargar su propia existencia.

Conversaciones estelares

Las estrellas colgantes
parpadean confundidas:
«¿Por qué ella sonríe de esa manera?».
La luna les sonríe burlona:
«Es que cree que él la ama».

Existo
y lo sé no porque respiro,
sino porque siento el correr de los ríos.

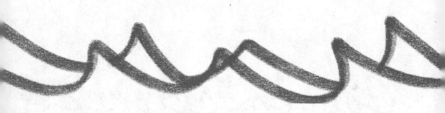

Los ríos que corren por mis brazos,
por mis piernas,
por todos lados.

Siempre en movimiento,
de aquí para allá,
y de nuevo aquí y de nuevo allá,
todo para nunca llegar
a un lugar.

Querido diario:

Soy la hija de mi padre
lastimando a mi madre.

Transformaciones

Primero era todo
invierno
y verano.

Eras tú
y era yo
y éramos nosotros.

Hacía frío
y calor.

Nos amábamos
y nos odiábamos
y ahí seguíamos cada año.

Hasta que no quedó frío que sentir
ni calor que anhelar,
y la cuenta de los años paró
y así de rápido, nos hicimos nada,
y ahora

cabemos en una simple hoja de papel.

Apriétame un poco más
un rato más,

forma con tus manos un lazo
y llamémosle abrazo.

Pequeña farsa

Se alza el telón
tu lengua actúa cual bufón,
de izquierda a derecha
haciendo su más grande actuación.

«Te amo»,
y todos ríen.

«Estaré siempre contigo»,
y todos aplauden.

Se cierra el telón.

Soy el testigo
poco fiable de mi propia existencia,
viendo todo a través de
ventanas empañadas
y vitrales grises,
confeccionando la mentira más grande
que justifique el desastre
que yo misma hice.

Hay momentos que se sienten como hundirse,
como quedarme quieta en la banqueta,
como sujetar tu mano,
como cuando dices te amo.

No me culpes por sentir
que a veces eres hiedra
buscando en mi espalda,
donde enterrar tus raíces
cada vez que me abrazas.

Mereces a alguien con raíces por manos,
tierra en su espalda,
firmeza en su lengua
cuando dice que te ama.

                              No alguien que,
                          estando quieta,
                    sienta que se hunde
                              al decirte
                                  te amo.

HOYO

ojalá pudiera
esconder todo lo
malo ahí

Una carta para mi abusador:

púdrete.

Con respeto,
la niña que tocaste y todavía te siente,aunque ya
no estés.

Acá en mi pecho
guardo un ave
demasiado grande,

es por eso que no cabe.

Sus alas golpean las puertas
para ver quién las abre;

aletea
y picotea
y toca
y toca
y late
y late
y vuelve a aletear
y vuelve a picotear.

¿Quién le podrá amar?

Tú no,
eso es todo lo que queda por saber y saber y saber
y saber y
saber…

Yo le vi a él
hace mucho tiempo,
cuando todavía era él.

Yo le pregunté su nombre
cuando había nombre
que anhelara pronunciar.

Yo le conocí
cuando aún había
algo que quisiera conocer.

Yo le besé
cuando todavía había
cercanía que besar.

Y le amé
cuando había algo
que pudiera amar.

Y le pedí que no se fuera
cuando aún estaba aquí.
Y le lloré
cuando finalmente se fue.

Y enterré mis pies en la tierra,
y me mordí la lengua,
y no grité
ni corrí tras él.

Y dediqué los siguientes meses
a olvidar su nombre,
y la forma de sus labios,
y lo bien que se sentía
ser amada por él…

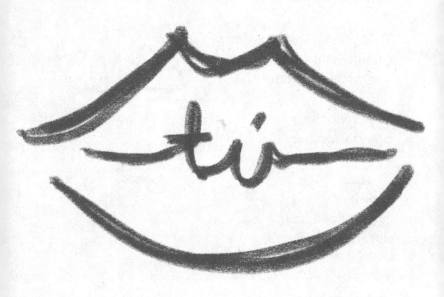

Pero

yo le vi a él
justo ayer,
y recordé lo agradable
que era conocerle
y conocerme en él,
así fue que caí y fui tras él.

Y cuando dijimos adiós,
en tu corazón, ¿qué palabras murmuraste?
Espero que hayas sido amable,

que cuando ellas me alcancen
me abracen por detrás,
así como tú
lo hacías al saludar.

Escalera de tragedias

Cuando nací tus ojos me vieron
por como realmente era,
un chiste de belleza,
una agraciada fealdad.

Desde ese día en adelante
una escalera de tragedias
me siguió cuesta arriba,
lo suficientemente alto
para querer saltar algún día.

Y así es que un pedazo de carne
que lleva mi nombre
aprendió a guardarlo todo
dentro de sus poros,
las manos que no quería que la tocaran,
las palabras que cortan,
la fragilidad,
el abuso,
siempre el abuso.

¿Seré demasiado débil?
¿O será mi dolor muy grande?
Quizá ambos,
siempre ambos.

Este pedazo de carne
que lleva mi voz
miente una y otra vez,
miente en deseos,
a ver si algún día se cumplen.

Estoy bien, miente.
Estoy bien, pide.
Estoy bien, desea.

Y este pedazo de carne
embriagado en la noche,
no puede evitar pensar
lo dulce que resultaría
besar el suelo
desde lo más alto.

Me arrastré por el suelo

Había tanto de ti en lo poco que dejaste de mí
que,
cual serpiente,
me arrastré por el suelo
retorciéndome
intentando quitarme la piel.

¿Y si todos tenían razón,
y yo soy el problema?
¿Y si me cambio el nombre a Midas?
¿Y si así es como me miras?
¿Y si todo lo que toco destruyo?

AAAAAHHH!

¿Y si mi desastre no te resulta hermoso?
¿Y si me dejas por alguien que ya sanó?
¿Y si no sé lidiar con ese dolor?
¿A dónde se irá mi oro?
¿A quién le daré oro?
¿Y si es verdad que daño todo lo que toco?

Me estoy perdiendo de mi propia existencia
persiguiendo la tuya.

¿Desde hace cuánto tiempo te conozco?
Te sientes tan familiar.
¿Hace cuántas vidas te conozco?
¿Y en cuántas me dejaste sin vida?

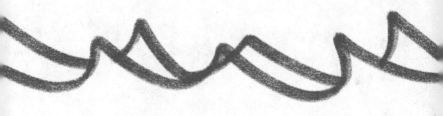

Tu silencio se escucha hasta acá
me atormenta por las noches
no me permite descansar.

Fragmentos de una vida imaginada

Iba siguiendo el verano
de hemisferio a hemisferio,
el sol nunca se pone
si lo vas persiguiendo.

Iba siguiendo la luz
atrapando en frascos su calor,
iba siguiendo su abrazo
quemándome los brazos.

La vida era dulce aquí y allá,
cáscaras de mandarinas compartidas,
flores que se recogen al caminar,
impermeables dejados en casa
y castillos de arena.

Iba siguiendo el verano
y el sol y su luz,
hasta que un día desapareció

la certeza del amanecer nunca volvió.

Suposiciones nocturnas

Haré de mi pecho un gabinete,
encontrarás ahí
las versiones de mí
que más te hagan sentir
que no me quieres dejar ir.

Haré de mis labios
un columpio,
haré que toques el cielo
o caigas con miedo,
te sentarás en mis palabras,
las pasarás por verdad,
te tendré arriba abajo arriba abajo.
Estás mareada
tranquila, son las mariposas,
estás enamorada.

Haré de mis celos algo hermoso,
los adornaré de «es porque te quiero»
y ¿por qué no contestas?
¿Dónde estás?
¿Con quién estás?

¿Estás?
¿Si es verdad que me amas, por qué no estás?

Arriba abajo,
arriba abajo,
te quiero a mi lado,
pero de preferencia aquí debajo.

Alumbraré tus inseguridades para cegarte de las
mías,
creceré en tu piel como hierba después de cada
tormenta,
olvidarás que yo fui quien trajo esta tormenta,
rodearé tus brazos con hiedra venenosa,
y le llamaré abrazo.
¿Te aprieta?
Es que soy apasionado.

Ahora pídeme disculpas
por no tener suficiente piel
donde yo pueda crecer,
y extender y tocar y controlar.

Arriba abajo arriba abajo,
¿no te parece divertido?
No saber qué pasará,
saber que no importa lo que haga
siempre vas a estar.

Así imagino que pensabas.

De haberte conocido
cuando aún había gentileza en mi corazón
gotas de miel entre mis dedos, pegajosas
jamás te hubiera soltado
te hubiera sostenido con manos suaves
te hubiera tomado con delicadeza
pero me encontraste con callos
piel descarapelándose, cataratas en mis ojos
demasiado herida para dejarme tocar
demasiado débil para sostenerte
ojalá hubieras llegado antes
ojalá hubieras llegado después
no en ese momento
que no podía ni amarme a mí misma
mucho menos a ti.

¿Qué son tus palabras,
sino un grito susurrado?
El rasguño más delicado,
la caricia sobre la herida,
la espina de la flor,
volar muy cerca del sol.

¿Qué es tu amor sino el más bello dolor?

Un día tu nombre
encontró lugar entre mis labios,
y sin darme cuenta
se convirtió en el nombre
que me hubiera gustado
jamás haber pronunciado.

¿Cómo lo haces ver tan fácil?
Borrar las fotos como si nuestra historia estuviera
  a lápiz.
Yo sigo batallando en deshacerme
de la imagen de tu silueta
cruzando todas mis puertas,
entrando a todos los lugares
que nunca dejé que nadie más llegara.
Tu nombre está escrito en todas mis paredes,
tu rostro lo enmarqué y colgué por todas partes.
Nuestra historia la escribí en roca
para luego convertirla en lápida
y aún no descansa en paz.

Querido diario:

Hace algunos ayeres, quizá dos o tres, o quinientos, existía una pequeña hada del bosque con un par de pies que usaba para saltar y correr. Es verdad que no tenía alas, pero, te lo juro, ¡era un hada! Ella podía sentir el bosque en su cuerpo. Llegaba la primavera y de su frente brotaban capullos de amapolas y rosas. De sus brazos y piernas pequeños retoños y hojas verdes se asomaban y rodeaban el relieve de su piel. Cuando llegaba el invierno, las veía caer.

Ella sentía en su pecho cada hoja nacer y caer, cada pétalo florecer. El ritmo de los ríos los conocía sin verlos, bastaba con tocar su pulso. Cada pisada la sentía en su espalda. El bosque era de ella y ella era el bosque.

Toda su magia cabía en la palma de su mano y, con ella, podía hacer crecer desde el más pequeño capullo, hasta el pino más alto. Sin duda, ella era magia.
Un día ordinario, nuestra hada sintió la pisada

extraña de un ser de dos patas. Era un hombre. Iba vestido como… ¿un príncipe? ¡Un príncipe! Qué emocionante para nuestra pequeña hada.

Ella se acercó, tímida, a saludarlo. Pero el hombre iba arrancando flores y al hada le dolía. «Basta», le pedía. «Detente, es que me duele». El príncipe no escuchaba. Colectó las flores que quería y se marchó. «Qué príncipe tan maleducado», pensó el hada.

Al día siguiente sucedió lo mismo. Flores arrancadas. Auch. Auch. Auch. A nuestra hada le dolía como si le arrancan dedo por dedo. De pronto, el supuesto príncipe tomó su espada y taló un pequeño árbol. «Basta», le imploraba el hada. «Detente». Pero el príncipe no escuchaba. Y así sucedió cada día de cada año. A la pequeña hada le daba miedo hacer crecer nuevas flores y nuevos árboles. «Igual vendría el príncipe a talarlo todo», pensaba, «a robarlo todo».

El hada había perdido su resplandor. Su piel agrietada y gris le dolía al caminar. Sus huesos estaban rotos y respirar era la más dura de las miserias. Pasó el tiempo y el hada había crecido y tomado el cuerpo de una dama. Pero una dama triste.

Un día, volvió a sentir una pisada. «Aquí viene el príncipe», pensó con dolor. ¿Qué más quiere? Ya había arrancado y talado casi todo, quedaba solo hierba y tierra. Pero no era él, era alguien más. Otro hombre. Era apuesto, de eso no hay duda. No tenía vestiduras de la realeza, ni su porte mostraba autoridad. Era un muchacho cualquiera.

«¿Qué haces aquí?», preguntó en un susurro nuestra hada. «Estoy solo de paso, ¿me permite cruzar su bosque?», le respondió. Al hada le sorprendieron sus modales y simplemente asintió. El muchacho siguió su ruta. El hada lo iba siguiendo por detrás, curiosa.

«Cruzar el bosque es un viaje de dos a tres días hasta llegar al reino más cercano», le dijo el hada. «Lo sé…», le respondió el caballero sin darle mucha importancia a sus palabras. «¿Te gustaría… te gustaría compañía en tu travesía por el bosque? Lo conozco como la palma de mi mano, de hecho yo soy el bosque y el bosque soy yo y…». El hada no dejaba de balbucear, pero para su sorpresa, el muchacho la encontraba encantadora, así que accedió a su compañía.

En algún momento el muchacho le dijo: «**Eres muy bonita**», y listo, el hada se enamoró del muchacho. Así fue como mientras caminaban por el bosque, ella iba haciendo crecer amapolas y rosas, arces y robles. Embelleció su bosque para él. Hizo crecer de su frente pequeñas margaritas blancas y de sus brazos brotaban pequeñas hojas verdes. ¡Era amor!

Al tercer día, el viaje iba a llegar a su fin y el caballero debía irse. Pero antes de retirarse, alzó su mano y arrancó un bonche de rosas para el hada, como un gesto romántico.

El hada, que nunca le contó al caballero sobre lo que el príncipe había hecho hace muchos años, se retorció y lloró: «¡No! Por favor no, por favor». Nuestra hada, asustada, corrió lejos y lloró toda el agua que llevaba dentro hasta que los ríos se secaron.

Se echó en la tierra y le pidió al sol que la incendiara, que la quemara a ella y su bosque, así nadie tomaría nada de ella nunca más.

El sol le concedió su deseo.
Así que ella y el bosque ardieron.
Dulce descanso. Dulce respiro.

Mi cuarto, mis manos,
y otros espacios
donde ya no estarás.

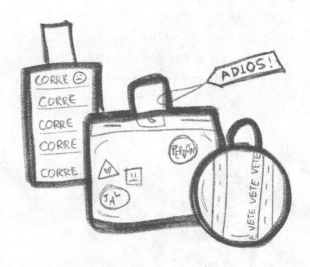

Querido diario:

¿Cómo he de creerle a él?

No recuerdo el 28 de abril con claridad. Lo único destacable de ese día es que él me llamó «bonita». Pero… ¿cómo he de creerle cuando me llama «bonita»? ¿Cómo he de creerle? Cuando he visto que les entrega ese nombre a las estrellas que cuelgan del cuello de la noche, y con justa razón. Ellas merecen su mirada.

¿Cómo he de creerle? Cuando le he escuchado rendir esa palabra al mar, que claramente se arrastra buscando sus pies cuando camina por la playa. Hasta ellas se retuercen por tu caricia.

¿Cómo he de creerle cuando me llama bonita? Sabiendo que sus ojos se han posado en cosas mucho más bellas que yo, como el sol besando el horizonte, el baile de los árboles o el rostro de ella, que parece ser esculpido a tu gusto.

Creerle sería llamarme tonta. No soy ninguna tonta. Quizá lo fui alguna vez, pero no más. Todos saben que soy hierba entre flores, polvo en un librero. Así que no dejaré que me llame bonita. No hará de mí una tonta.

¿BONITA YO?

Querido diario:

Ayer tuve una cita. Surgió la pregunta: «¿A qué le tienes miedo?». «Les tengo miedo a las arañas», respondí sin pensarlo.

Pero si tuviera algo de valentía diría que en realidad le tengo miedo a que me conozcan. A que me conozcan como yo me conozco. Que vean que mi sonrisa está sostenida por cuerdas y que, cuando nadie me ve, imagino que las tomo y las coloco alrededor de mi cuello.

Tengo miedo a que alguien se quede lo suficiente para notar que mi risa de pronto deja de tener eco, que le sigue una mirada triste detrás de cada carcajada, y que todos los días considero la posibilidad de no despertar.

Tengo miedo a que vean que mi columna se marchita al final del día, que a mi cabeza le cuesta mantenerse erguida, y que desde este ángulo no me veo tan bonita.

Tengo miedo a que me vean a los ojos y todos mis pensamientos lluevan y caigan en sus manos. Tengo miedo a que no puedan soportarlo, o que se sientas anclados.

Tengo miedo a que me vean como más carga que persona. Como más inconveniencia que persona. Como más esto-no-vale-la-pena que persona. Tengo miedo a que vean que yo también pienso que no valgo la pena.

Tengo miedo a que me conozcan y me encuentren fea. Pero decir todo esto… toma mucho tiempo y también le tengo miedo a desperdiciar su tiempo. Así que, si me preguntas, te diré: «Les tengo miedo a las arañas».

Veo cada flor perdiendo su color,
lloran en pétalos caídos,
pétalos rindiéndose,
me compadezco
y siento envidia,
las dos cosas a la vez,
y me pregunto

¿cómo es que aún no me he marchitado yo?

Y si me cambio el nombre a Ofelia
y floto en un arroyo
y me adorno con flores
y ahí me arrullo.

Y si canto viejos himnos
y soy ajena al propio riesgo
y sé que voy a donde apuntan los pinos
y en realidad no tengo miedo.

Y si mi vestido es el primero en ahogarse
¿será que así
haga de mi partida
algo digno de pintarse?

Y si me acaparo toda el agua
para regar mis pulmones
y no te quedasen lágrimas
dime, ¿mi partida te dejará tan marchita?

Y si me cambio el nombre a Ofelia
verás aceptable mi miseria
y no me condenarás por querer ser una con el mar
y ya no me aferro
a este viento que recorre mi cuerpo.

Y si te muestro que un día yo me iré también
y que sin mí vas a estar bien.

Y si te enseño el espacio que dejo
y notas que puedes decorarlo con flores
que seré un recuerdo viejo
y tendrás nuevos amores.

Y si pruebo que mi ausencia
es exquisita,
que soy flor marchita.

¿Me dejarías ir?

Estoy bien…

Y otras mentiras que digo.

Tus labios, cual telón

Se abrieron de par en par
conozco esta obra,
conozco al actor;
todos ríen menos yo,
todos aplauden menos yo.

El amor es la tragedia,
el adiós la comedia.

Es el mismo guion,
una y otra vez,
se cierra el telón.

Pero ahí sigo,
sentada,
esperando un final diferente.

Por favor, quédate en mi puerta
unos segundos más antes de partir;
tarda en ponerte los zapatos,
pretende que no sabes atarte las agujetas
y pídeme ayuda.

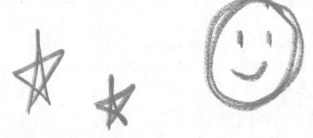

No cuelgues cuando digas que lo vas a hacer,
compartamos el estático silencio
un momento más;
sonriamos a la distancia
hasta reír.

No cierres los ojos de inmediato
cuando me des las buenas noches,
imita mis parpadeos hasta que ellos se cansen.
Cuando por fin te vayas.

deja algo
un suéter,
una bufanda,
una pregunta,
lo que sea que me asegure que volverás;
que el tiempo que compartimos
es tan largo como un suspiro frente a una vela
y tan corto como correr por el mundo de punta
a punta.

Mientras esperamos
a que lo hilos que sostienen nuestros cuerpos se
rompan,
o la tierra dé su última vuelta,
suspirémonos uno frente al otro
y corramos por nuestra piel
 de punta a punta.

Quedémonos juntos un rato más,
estiremos el tiempo que tenemos,
disfrutemos el torpe baile que hacemos en medio
de la cocina,
incluso después que la canción haya acabado.

Prométeme el después del para siempre,
los segundos después del adiós
y los parpadeos después de las buenas noches
el amor después de la muerte.

Me siento en la mesa con la vista a tu casa;
te imagino en tu cuarto
probablemente pintando
algo que nunca veré.

Me pido un té
y me enojo cuando se enfría.

Si estuvieras aquí, nos reiríamos de la pareja de al
lado;
te robaría de tu comida,
te contaría que no he estado bien,
pero lograrías hacerme reír con un chiste malo;
te enseñaría mi último escrito,
tú me mostrarías tu última pintura.

Si estuvieras aquí, sería un sábado cualquiera.

Pero no estás,
así que es otro día de extrañarte;
de ver tu casa a lo lejos,
tomar té frío
e imaginar que todavía somos amigas.

Una ofrenda y una petición

Déjame mostrarte lo bello
lo bueno
cien razones para no dejarme
cien razones para quererme.

Déjame mostrarte lo bello
lo bueno
cien razones para no verme
como realmente me veo
cien razones para quererme
porque yo no puedo.

Déjame mostrarte lo bello
solo lo bueno
siempre lo bueno
pero primero
déjame lo encuentro yo primero.

Nada me será más romántico
que tú quedándote a mi lado,
justo cuando te dije que te fueras.

Pero nada me será más triste
que tú yéndote,
cuando te pedí que te quedaras.

Salidas de emergencia

He aprendido a viajar ligero,
sin desempacar al llegar al lugar que quiero.
Es fácil, en realidad.
Así voy y vengo, un pie fuera, un pie dentro.
Maleta siempre hecha,
puerta de salida en la mira,
carta de despedida lista.
He aprendido a encontrar las salidas de
  emergencia.
Cualquier señal de humo, corro y te dejo mi
  perfume y la ausencia.
Así me cuido.
Así me protejo.

No hay mano que soltar
si nunca la das en primer lugar.
No hay corazón que romper
si nunca lo entregaste en realidad.
No hay lugar que extrañar
si nunca lo hiciste tu hogar.

Encuentro consuelo en el silencio,
al silencio le consuela que yo lo escoja.
En el ruido nos suspiramos
como dos enamorados,
y cuando nos vemos, finalmente
    bailamos
los dos
descalzos,
damos vueltas, y vueltas, y vueltas.

A la luz de una tenue vela
veo la cera caer
hasta que mi respiración
resulta ensordecedora,
y mi palpitar pide ayuda,
que alguien me detenga.

Vueltas, y vueltas, y vueltas.

Y el silencio, una vez lindo silencio,
se vuelve miseria.
Yo y mis pensamientos,
míseros pensamientos.
Vueltas, y vueltas, y vueltas.

Que alguien me detenga.

Querido diario:

Nunca he sido relajada acerca de nada. Soy tan ligera sobre las cosas como un tsunami que se alza sobre una ciudad entera. Algo no me puede gustar moderadamente. Mis emociones no vienen en pequeños trozos, fáciles de digerir. No, no soy así. Soy todo o nada. OBSESIÓN. COMPULSIÓN. **Pero, yo le llamaré enamorada.** Así que cuando vi tu llamada pude sentir las olas alzándose, mis palabras formándose. Eran demasiado grandes para digerir porque cuando se trata de gustar (te seré honesta) puedo llegar a ser bastante molesta.

Veme contar cuántas veces me has volteado a ver (ya van veintitrés). Ve la nota en mi celular, donde escribo todo lo que te gusta y disgusta, lo recito como poesía, tratando de entenderte todo el día. Veme escribir sobre ti quinientas veces, pero hablarte una sola vez. Pensarás que no te pienso, pero mi problema es que te pienso demasiado. Mi problema es que soy demasiado, y no lo digo en el mejor de los sentidos.

Te escribí una carta de amor
mucho antes de conocerte
y una postal
mucho antes de largarme.

Ese fue el problema.

Querido diario:

Yo le pregunté
«¿besas así a todas tus amigas?».
Y sonrió. Tan solo sonrió.
Una sonrisa ocultando un secreto.
Un secreto que no me gustaría saber.

shhh...

En el invierno
envidio el esqueleto de los árboles,
sus huesos extendiéndose al cielo
triunfantes.

Así que no salgo en los días fríos,
me quedo en casa
hasta arrancar de adentro
cada flor, hoja y retoño.

Hasta verme
como el esqueleto de un árbol,
que de alguna forma
sobrevive el invierno.

Siguiendo el pulso del río
más allá de las montañas,
donde palpita el frío
y comienzan las mañanas,
existe en alguna parte del bosque
un roble alto alto alto,
un tronco noble.
Y en alguna parte de ese roble,
están tallados nuestros nombres,
como juramento
de dos jóvenes ingenuos.

Ahora, veme prenderle fuego
a cada roble,
hasta encontrar el nuestro.

Para que se consuma
nuestra inocencia deletreada
seamos humo,
seamos cenizas,
y borrémonos de la faz de la tierra.

¿Fui yo quien te alejó?
¿O fue mi insaciable necesidad de soledad?
¿Mi depresión? ¿Mi ansiedad?
Mi trastorno,
mi idea de que el amor lo puede todo
incluyendo mis días malos.
Mi silencio.

¿Fui yo quien te alejó?
O fue mi pasado arrastrándose,
arañando mi espalda,
amenazando corroer
mi presente,
siempre haciéndose
   presente.

¿Fui yo quien te hirió?
O fue mi incapacidad de reciprocidad,
mi falta de estima
y mi sonrisa a la mitad.

¿Fui yo?
¿Realmente fui yo?

Fui yo.

El rescate
comienza desnudando,
todos los «No estoy bien».
«Ya no puedo más».
«La noche me es eterna
y el día me es miseria,
tengo una tormenta que no cesa,
soy hueso andando en valle de muertos,
ya no puedo mantener los ojos abiertos».

El rescate comienza
admitiendo que no estás bien.

Aunque suena a una ironía,
eres fuerte al decir que eres débil,
te salvas al decir que quieres morir.

un, dos, tres por ti...

Que te escondes entre las letras
que no has pronunciado aún,
y te encoges para encajar
en lugares imposibles de caber.

un, dos, tres por ti...

Que sueñas que el último acto pase despacio,
con la dicha de no cargar en tus hombros
tu propio espacio.

un, dos, tres por ti...

Que añoras ser visto,
encontrado a punto de caer
en el abismo.

un, dos, tres por ti...

Y tus cuerdas con las que cuelgas tus sonrisas,
el eco vacío de tus risas.

un, dos, tres por ti...

Y tus ojos despiertos a las 2:00 a.m.,
y tu corazón que teme.

un, dos, tres por ti...

Y tus ganas de que te rescaten,
y que tus miedos no te maten.

Si me hubiera animado a besarle
sus labios,
me hubieran sabido
a medianoche,
y ojos llenos de insomnio
que finalmente concilian el sueño.
Y las estrellas
en sus mejillas
se hubieran movido de lugar,
y hubiera pedido un deseo:

que me regalara
su luna a la mitad
hoy y siempre,

así es que seríamos
dos sonrisas,
como lunas
mirándose,
completándose
hoy y siempre.

Permíteme ser quien te ame más

Permíteme ser la última en cerrar los ojos cuando la noche nos arropa y jugamos al tímido concurso de miradas.

Permíteme ser la primera en abrir las ventanas para que el sol escale tu espalda por las mañanas.

Permíteme ser la última en colgar y la primera en llamar.

Permíteme guardarte un lugar en cada mesa, aunque quizá hoy no vengas.

Permíteme ser tu primer y último baile.

Permíteme ser la primera en decir te amo y la última en demostrarlo.

Entre el salvaje
arrebato de miradas
imagina mi sorpresa
al verte plantar en mi mano
el más tímido de los besos
como si me conocieras por primera vez
como si los modales importaran
como si no me hubieras desnudado ya con la
   mirada.

Amor, amor,

la urgencia de encontrarte,

la paciencia de no buscarte.

Me gustan las manos
especialmente las tuyas,
especialmente las tuyas tocando las mías.

Me gustan tus manos cuando se arman de valor
y cuando se acobardan,
se aventuran o se esconden,
cuando sostienen o sueltan.

Me gustan las manos
especialmente las tuyas,
especialmente las tuyas tocando las mías,
me hace creer que quizá para eso las tengo,
para que encajemos perfectamente
dedos cual hilos entrelazados,
bordados en este manto
que hoy llamaremos vida y mañana quién sabe,
y tus manos, no las mías, ellas son afortunadas,
ellas pueden sostener tu mejilla.

Entre que charlas y entre que escuchas,
entre que sostienen mi mirada
y de todas las cosas que he sostenido,
qué bendición saber que sostengo tu cariño.

Me gustan tus manos,
especialmente las tuyas,
especialmente las tuyas sosteniendo las mías.

Nos volveremos a encontrar
pero tú no serás tú,
y yo no seré yo,
y no existirá un nosotros.

Pero podemos volver a hacerlo,
¿no crees?

Conocernos…

Suena emocionante.

No estoy enamorada ni nada
pero la idea de
nuestras manos
entrelazándose
como listones
formando un moño
me parece el regalo
más bonito
que mi imaginación me ha dado.

Ella tiene ojos que salpican limón y miel
caen como gotas
en la porcelana que lleva por piel,
me llaman enferma por quererla.

Entonces que sus ojos
sean la medicina a mi cuerpo,
y sus besos el remedio
que tanto quiero.

CARAMELOS PARA
ENDULZAR LA VIDA

Con un suspiro
desempolvé el libro
que había cerrado hace tiempo,
escalé tu contorno
como quien regresa a casa,
llegué a tu mirada
y quedé enredada entre tus pestañas,
volví a pronunciar tu nombre,
a esto pienso que sabe la esperanza,
tus manos encontraron mis senderos,
escarbaste mi pecho, hallaste mi cadáver,
lo trajiste a la vida,
de mi ojo colgó una pregunta,
recorrió mi mejilla
y llegó hasta mis labios
«¿prometes que no te irás?»
a esto pienso
que sabe

la esperanza.

Tus labios reconocieron a los míos
y se unieron en un vals,
bailaron una canción
que solo tú y yo conocemos.

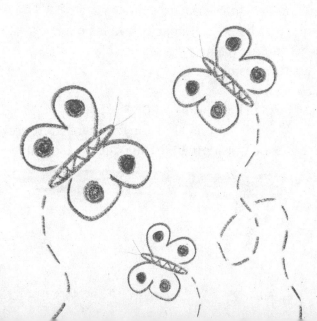

Si llego a tener una hija
le mostraré el mapa de su cuerpo
tal como debe verlo,
le enseñaré que su piel se extiende
igual que el relieve
y que de ahí crecen flores,
pero no debe arrancar sus pétalos
para saber si la quieren.

Le diré que sus piernas son puentes,
que puede llegar a donde quiera,
puentes de ida
nunca de regreso,
que son libres de correr.

Le diré que sus pómulos son montañas,
que cuando se ríe, ellas se alzan,
y que puede tapar el sol con una carcajada.

Le diré que su panza es cueva de orugas,
y que no debe darle miedo a que crezca
porque está haciendo espacio para las mariposas,
le diré que fue hecha para ser paisaje
de sus propios ojos,
así como nació
a la belleza le hará homenaje,
                    le enseñaré a amarse
        antes de que alguien le diga que debe odiarse.

bolsa para guardar las cargas emocionales

Un día aprendes
que no vale la pena
querer darle envidia
a Michelangelo Buonarroti
y tratar de probar que eres mejor con el cincel
porque hiciste de tu cuerpo una escultura
mejor que las suyas.

Tomaste tu cintura
y te fijaste
si tus manos cabían
en los huecos de tus costillas
y como no lo hacían lo arreglaste.

Tallaste aquí
tallaste allá
y tu antigua talla
ya no está.

El proceso es lento
demasiado lento.

Pero un día aprendes
con dientes enterrados en tus nudillos
con tus rodillas marcadas
con tu espalda encorvada
que no tienes que llegar
profundo en tu garganta
para encontrar tu valor.

Un día aprendes que eres digna de amor
y no vale la pena
escupir
esculpir
dañarte
para que te vean como arte.

Querido diario:

Buscando cicatrices escarbé y escarbé hasta que encontré, muy enterradas, raíces que se extendían como cicatrices. Las seguí con la yema de mis dedos. Eran como ríos de carne, ocultos entre el lodo y la tierra. Ahí es donde corre el dolor fantasmal.

Los seguí con mis dedos y, luego, los besé.

No porque mis besos puedan sanarme, sino para demostrar que esos lugares,

también merecen ser amados.

ADIÓS

ADIÓS

ADIÓS

Lo que no sabes
es que decirte adiós
fue mi lenguaje del amor
fue mi último te amo.

HOLA,
mi nombre es

no tengo idea, no
me preguntes, ayuda

Y me cansé
de doblar cada parte de mí
en una disculpa para ti
de intentar hacerme más pequeña
para caber entre tus dedos
para sentir que pertenezco.

Me cansé de este origami de lamentos
mi cuerpo no es un perdón
ni un secreto
no es vergüenza o arrepentimiento
no es un doblez más cerca a que finalmente
    desaparezca
así que tomaré mis esquinas
las extenderé por los cielos
papiroflexia en reversa.

Ser yo
sin disculpa previa.

Querido diario:

Descubrí que no me quería matar, que solo quería dejar de sentirme así.

O al menos eso es lo que nos dijeron en las clases de psicología que nos dan en el hospital. El señor guapo de bata blanca dijo: «El suicida en realidad no quiere morir. Quiere dejar de sentirse como se siente». Mis compañeras y yo nos volteamos a ver. Balde de agua fría y cálido abrazo, las dos cosas al mismo tiempo. Dulces palabras. Dulce alivio.

¿Sabes qué me serviría mucho aquí dentro? Una historia de éxito. El testimonio de una persona depresiva y suicida que haya encontrado la mágica felicidad que tanto nos prometen. «Los trastornos no son para siempre», «es posible salir de esto». De acuerdo. Muéstrenme a una persona. Una. Quiero verla.

Quizá por eso estoy escribiendo esto. En caso de que yo sea esa persona y eso le ayude a alguien. Espero que sí. Por ahora, mi logro más grande es descubrir que tan solo quería dejar de sentirme así.

Si alguien me pregunta
le diré que ni éramos tan cercanas
que no te veía todos los días
que tu perfil no lo tenía tatuado en mi almohada
que nunca le hablé a mi madre de ti
que no llegué a contar todas tus pestañas
que nunca buscaba tu silueta en la oscuridad
que tus labios jamás dejaron escapar tus secretos
y que nuestros meñiques jamás prometieron un
  para siempre.

Si alguien me pregunta
nunca pasamos, ni sucedimos, ni fuimos
fue solo un rumor que el viento trajo
y el mar se lo llevó.

Pero si tú me preguntas
qué hago cada mañana frente al mar
no podré negártelo:
espero que la marea me traiga algo,
algo mío que se sienta a ti,
algo nuestro que quizá sí fue,
que pasó, que sucedió, que existió.

Si gustas,
puedes ayudarme a recuperarlo.

Cuando nos volvamos a ver
te preguntaré
«¿estás feliz…
feliz con la vida que creaste?».
Y cuando armes un «sí»,
espero que tus ojos
se desarmen en recuerdos frente a mí
diciéndome «no».
                    y espero que tú también me extrañes.

¿Podrías sentarte junto a mí?
dejar que tu hombro roce el mío
¿podría contarte la historia de mi vida?
para que me muestres tres puntos suspensivos
que se dibujen en tu meñique.

¿Podrías sentarte junto a mí?
aquí, pero también allá
donde el tiempo ya avanzó
y la vida ya se hincó sobre la tierra
preparándola para acostarnos en ella
y dejar
con un último suspiro
que las margaritas
dibujen nuestra silueta.

¿Podrías prometerme un final?
y que acabe con nosotros
hombro con hombro
contando la historia
que llamaremos nuestra.

Querido diario:

Hoy, 28 de abril,
él me llamó bonita por primera vez.
Me plantó el cumplido
como un suave beso en la mejilla,
sonreí, y me brotaron pétalos color carmesí.
Me llamó bonita ¡a mí!
Y de pronto era primavera.

¿BONITA YO?

¡BONITA YO!

Crecen flores por donde caminas
y recientemente has andado mucho por mi mente,
que de tanto pensarte
de tanto pasearte.
¡Mira!
En mi cabeza me crecieron
crisantemos y claveles
y ahora
adornan ingenuamente
mi frente.

Primero sentí mis pies
Luego mis piernas
cuando menos lo esperaba
ya me encontraba caminando.

Le siguieron mis manos
luego mis brazos
antes de poder reaccionar
ya estaba abrazándote.

Como traicionada por mi propio cuerpo
me enterré en el tuyo
bajo tierra la razón no crece raíces.

Y ahí, abrazada a ti
tracé mi nombre en tu espalda
mi lápida
ahí murió la mentira de que
ya no te amaba.

recuerdos

En mi imaginación, él y yo terminamos juntos.

Pero él ya no está
y solo puedo ir tan lejos
como mi imaginación me lo permite.

Y un día debo aceptar
que va a despertar
a lado de alguien más,

y ella verá su rostro cada mañana,
aprenderá a memorizar cada línea,
notará cuando haya una nueva,

él dirá que son arrugas,
pero ella las llamará senderos,
serán su caminata diaria,
apreciará la cartografía de toda una vida,
una vida
en la que yo no seré «ella»,

y ella
oh, ella será la afortunada
de darle pequeños sorbos a sus ojos miel
justo antes de dormir,
cuando los pestañeos se vuelven más cálidos
más lentos,

y ella sabrá pronunciar tu nombre
como deseo,
como promesa,
y yo no seré ella.

Pero cuando te veas en el espejo,
cuando veas tus senderos
y tus ojos miel,
espero me recuerdes
caminando mis dedos sobre tu piel,
sorbiendo tus ojos miel
y sonrías para ti,
y que para ti
quede un poco de mí
en
«ella».

Ella se convirtió en el resplandeciente reflejo
  del sol,
llámala luna, si te place,
ella deambulaba solitaria por las noches,
acompáñala, si te place,
ella se esconde, pero te persigue si corrés,
corre tras ella, si te place,
ella se empapa en el espejo del mar,
métete también, si te place.

Pero no le pidas el día
que no es de ella,
no le pidas una cara
que te dará quinientas.

Pero si te place
al menos un poco,
ámala,
que ella
te amará de vuelta.

Con sus quinientas caras
y sus noches.

Y si se queda a medias
llénala,
ve y acuéstate a un lado de ella.

Te guardo como los pies descalzos
que nunca bailaron sobre el piso de la cocina
como la canción que nunca sonó
  espontáneamente
mientras íbamos en el carro
como el hogar que jamás construimos
como el amor que nunca fue y nunca será
te tengo como el más doloroso

ojalá.

Mi momento favorito fuiste tú.
por mucho tiempo fuiste tú.

Que el amor es ciego
quizá por eso
siempre me tropiezo
con este deseo
de verte nuevo.

Amé ese momento
después de pedirte que te vayas
cuando simplemente estuvimos
uno junto al otro
en mutuo acuerdo
no porque tuviéramos
sino porque queríamos
respirar
existir
uno al lado del otro
era un existir
después de que ya no teníamos que hacerlo.

Querido diario:

No quiero, ¿sabes?

No quiero regresar a donde empecé. No quiero tener que volver a explicar cómo me gusta el café o de qué lado de la cama duermo.

No quiero tener que hacerme de la vista borrosa para pretender que eres tú en su lugar y no alguien más.

No quiero pretender que mis manos no estarán buscando pedazos de ti en cada persona que se acerque a mí.

No quiero tener que recoger del suelo las migajas de corazón que quedan, porque sé que si las sigo me llevarán a ti.

No quiero ver algo que me recuerde a ti y no poder mostrártelo, porque ya nada es igual.

No quiero pasar la vida entera tratando de olvidarte.

Cuélgate de mis pestañas
colúmpiate en mis párpados
permíteme sostenerte
en la repisa de mis retinas
cuál es la prisa
quiero verte todo el día
quédate aquí conmigo toda la vida.

¿Hay alguna parte de ti
que todavía extrañe alguna parte de mí?

Espero que la vida sea amable
  contigo
en los lugares
que no fue amable conmigo.

Repite después de mí:
no le debo perfección a

nadie.

Nunca puedo sostenerte la mirada
quizá por eso siempre caigo
enamorada.

Este cuerpo, casita de mi alma,
hoy la decoro con guirnaldas;
estamos celebrando,
me corono victoriosa,
un día más paseando por la tierra,
acaparando todo el aire
en mis pulmones.
¡Mírame existiendo!
Es victoria suficiente por hoy.

Querido diario:

Lo negaré cuantas veces sea necesario
no me heriste,
lo negaré hasta creérmelo
hasta que se vuelva real,
no me heriste,
no me heriste,
estoy bien porque no me heriste.

Pero la verdad es que sí lo hiciste.

Ojalá alguien me abrazara
una y otra
y otra
y otra
y otra vez,
hasta que todos mis pedazos
se volvieran a unir.

Te veo y vuelvo a caer
no me enseñes tu sonrisa
yo sé que hipnotiza
no me des tus manos
que me cuelgo de tus dedos
no me des tus brazos
porque me enredo
y ya me vi caer
otra vez en este juego
ya me vi llorar
de nuevo en este duelo
basta ya.

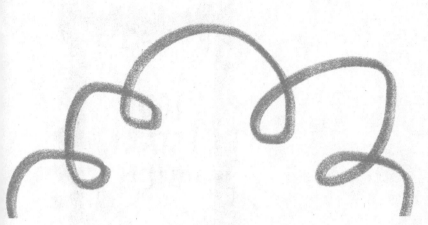

Estoy aprendiendo a querer
los lugares que alguna vez odiaron
en mi nombre.

Confesión #15:

A veces se me olvida
que no debo hablar de otros como hablo de mí
misma en el espejo.

Pero estoy aprendiendo.

Como tú me ves

Te dije que si yo fuera ruido
sería el azote de una puerta
tú dijiste que si fuera luz
sería la que se asoma por el resquicio
   de esa puerta.

Te dije que si fuera agua
sería cascada que huye y se derrumba en llanto
tú me contaste acerca de las cascadas
que se levantan y corren hacia arriba
y que si ellas lo hacen
yo también podía.

Te dije que si fuera viento
sería el último exhalar de una vida
tú me dijiste que yo era el suspirar de toda tu
vida.

A lo mejor
siempre habrá algo entre
la persona que amas y tú
quizá un océano
o una calle
o una mesa
o una disculpa
o tu orgullo.

Si pudiera pondría un separador en este momento.

Cómo doblo el pliegue de este momento
cómo subrayo esta caricia
cómo guardo en mi librero todas tus palabras
para releerlas cada que me plazca
cómo hago para hacer de nosotros
la historia de mi vida.

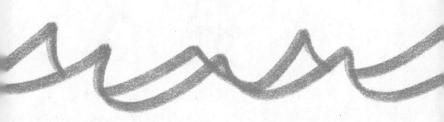

Querido diario:

He aprendido a perdonar el hecho de que
nadie me enseñó a ser una buena hija y nadie le
  enseñó
a ser un buen padre.

Supongo que estamos a mano.

Padre, te perdono.

¿Tú me perdonas?

Hoy soy y mañana seré
y ambas
son completamente diferentes.

Padre, discúlpame por no haber sabido
cómo hablarte
sin escupir veneno.
¿Crees que te ofendo?
¿Mi mirada te es fría?
¿Mis manos se alejan de las tuyas?

Es verdad,
es verdad,
es verdad.

Discúlpame.

Si te sirve de consuelo
yo era igual conmigo misma.

Dime,
¿La separación
se agranda
o se achica
cada vez
que te digo
que te extraño?

Quizá nunca supe cómo amarte
       y quizá nunca supe ser amada por ti.

Quizá succionabas mi respiración
con cada beso
       y quizá nunca quise respirar.

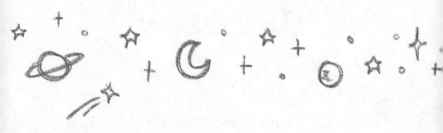

¿Y si pretendemos que yo no hice eso
y tú no dijiste aquello
y empezamos desde cero?
¿Qué dices?

Querido diario:

Creía que conocía el amor como la palma de mi mano.

Pero resulta que incluso mi mano, oculta cosas entre líneas. Porque no importa cuántas veces anotes sus iniciales en tu diario o sus nombres en el tronco de un árbol o en el contrato matrimonial, a veces, no es suficiente. Las páginas se acaban. Los árboles se talan. Y mamá y papá terminan. Pero veme a mí, ingenua e ilusa, intentándolo una vez más. Otro diario, plantando un árbol…

Tienes una tristeza que se parece a la mía
quizá podrían hacerse compañía
tienes una mirada vacía
similar a la mía
quizá podrían
bailar juntas
en lo que dura esta melodía.

Querido diario:

Hace mucho que no te escribo.

Estoy bajo medicamento: tres pastillas en la mañana y tres en la noche. ¿De qué? Quién sabe. El punto es que ayudan. Hago mis tres comidas al día sin saltarme alguna y no las vomito. Nadie sabrá qué gran logro significa eso para mí. Mi mamá sí lo sabe. Ella me celebra todos mis logros. Solo ella me aplaude cuando logro levantarme de la cama en esos días que se vuelve difícil querer respirar.

Tengo días buenos y días malos, pero estoy mejorando. ¡Por Dios! Estoy mejorando. Nunca creí llegar aquí. Me gusta aquí. Es un lindo paisaje. A lo lejos se ve el futuro, por primera vez se vislumbra brillante.

Regresé a la iglesia, sigo aprendiendo.

Regresé a mis terapias semanales, sigo aprendiendo.

Regresé a la escuela, sigo aprendiendo.

Regresé a la vida y sigo aprendiendo.

Regresé a mí.

Querido
diario:

Las cuerdas siguen aquí. Es algo que he aprendido.

Las cuerdas no se irán jamás, me seguirán a todas partes. Cada vez que vea a un hombre de corbata: las cuerdas. Cada vez que alguien me toque el hombro por detrás y me asuste: las cuerdas. Cada vez que alguien no respete mis límites: las cuerdas. Cada vez que vea una cucaracha: las cuerdas. Cada vez que me encuentre al borde del abismo: las cuerdas.

La diferencia es que una cuerda tiene muchos usos. Por ejemplo, para rescatar a alguien cayendo en el abismo. Puedo usar mis cuerdas para algo bueno. Demostrar que sí se puede, que no todo fue en vano, que mis cuerdas pueden ayudar a alguien.

Podría escribir la historia de amor más bella
entre la distancia que hay entre tu boca y la mía
podría empezar en un verso
y terminar en un beso.

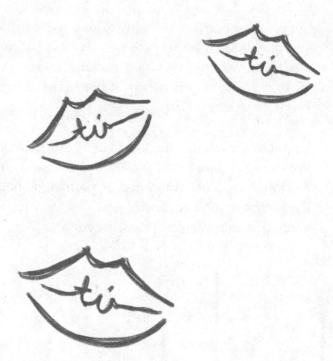

Te extraño tanto

Extraño tus manos cansadas
y cómo de tus líneas crecían alcatraces
tus brazos llenos de pecas
como canela salpicada
extraño tu olor
a hogar
extraño tu respiración
y mi silencio junto al tuyo
que grita amor
tus ojos que prometen
que me amas de vuelta.

Quizá siempre tendré dos corazones
uno con el cual amaré profundamente
como un sueño conciliado finalmente
uno con el cual encontraré nuestras manos
hallando su lugar sin esfuerzo
dos piezas de rompecabezas en mutuo acuerdo
un corazón que hablará
que se enamorará
de su forma
de sus libertades
de su contorno frente al sol
de los lentes con los que ve la vida.

Y el otro,
el otro será
para ti
guardado siempre
para ti.

Querido diario:

Cerca del corazón de la ciudad,
una niña de ojos cafés recorría cada calle, vena y
 arteria,
con sus oídos muy atentos buscaba pequeños
 latidos,
débiles latidos,
«a-punto-de-apagarse» clase de latidos,
«muy-similares-a-los-míos» clase de latidos,
«un-corazón-que-complete-el-mío» clase de
 latidos.

Fue entonces que un día
cerca del corazón de la ciudad,
una niña de ojos cafés
encontró
otro par de ojos cafés
suplicaban y salpicaban
el delicado roce de una mirada,
la suavidad de ser comprendida,
la amabilidad que se haya en escuchar
el débil latir de un corazón herido,
y se vio a sí misma
entre tanta gente, se vio a sí misma,
y se abrazó,
y se entendió,
y se escuchó,
y se dio todo
lo que siempre quiso que alguien más le diera.

En el museo de los más grandes errores
nuestro beso enmarcado
es de los mejores.

Trazos de whiskey
pintados en tus labios
pintados en mis labios
pintados en todos lados.

Esquinas dobladas color noche
cuerpos acercándose
conociéndose en un beso
tímido y ligero.

Lo tengo enmarcado
colgando de cabeza
a lado de un Banksy
que sé que tanto te gusta
por si algún día
lo vienes a visitar
y se te antoja
colocar un beso nuevo en su lugar.

Está bien, no pasa nada
incluso las olas
se rompen
frente
al (a)mar.

Le escribo canciones
a amores que nunca pasaron,
le regalo poemas
a todos mis quizás,
envío cartas diciendo
los te amos que yo nunca pude.

Soy la esperanza hecha suspiros,

la soñadora con insomnio
que piensa que algún día
encontrará
su **«felices por siempre»** en un par de ojos
que ya conoció.

Y si te cuento
todas las cosas que he hecho
todos los errores que he cometido,
si te muestro el laberinto que ha sido mi vida
y te das cuenta de que yo puse todos los muros
   arriba.
Si te canto las canciones que me acurrucan por las
   noches,
pero suenan a todas las personas que me han
   lastimado,
a todas las personas que yo he lastimado.
Si ves que solo abrazo con un brazo,
que solo beso con ojos abiertos,
que cuando camino dejo migajas por si tengo que
   huir
y encontrar mi camino de vuelta
si te muestro mi yo, mi otro yo,
mi yo que no habla, que no se asoma, que no soy
   yo;
si te das cuenta de que estoy loca
que puedo ser fea
si te enseño las líneas de mis piernas
y ves el conteo de todas las veces
que he querido estar sin vida,
si me ves por quien soy y
por quien no quiero que me veas,

¡¡solo quiero sentirme entendida!!

si hago todas estas cosas
y sigues aquí
sin querer odiarme
o, mejor aún,
sin querer salvarme;
si sigues aquí solo porque
el pequeño espacio que encontraste junto a mí
te parece agradable
porque la luna desde este ángulo parece que
  sonríe
y mi aliento cosquillea tu nuca haciéndote reír,
porque este rincón del universo que hallaste a mi
  lado
lo ves como algo que te gustaría amar
entonces,
solo entonces,
te creeré que me amas,
que no te irás,
que es para siempre.

No me importa si el mundo se olvida de mí.

Que mi nombre se incendie y quede en cenizas.
Que mi rostro sea un parpadeo en sus recuerdos.
Que exista y no quede evidencia de mis huesos.
Que venga y me vaya sin que alguien se entere.

No me importa. Siempre y cuando tú no olvides el sabor de mi nombre en tu boca, y que siempre te sepa a amor. Que tus pupilas no olviden buscarme en cada cuarto que entres. Que sigas diciendo «quédate ahí, te tomaré una foto» solo para recordarme en ese preciso instante. Que hagamos un álbum de cada beso que nos dimos con el pensamiento, con la mirada, con labios llenos de canela, con arrebatos de intensidad.

Que vivamos en amor y sea secreto nuestro, un guiño en esta esquina del universo, una risa que cae en medio del bosque, una moneda que lanzamos en medio del Pacífico, un abrazo debajo de las cobijas, un vals en la cocina que nadie llegó a ver. Que el mundo se olvide de mí, pero que tu corazón jamás se olvide de que encaja perfecto junto al mío.

Vivir por la esperanza de todo
del primer abrazo después de llorar
del beso que sabe un poco a vodka
del desmayarte y que te cachen
de la lluvia que inunda la calle
de estrenar tus botas rojas y saltar en los charcos
del sol que te saca pecas en los hombros
de los dedos que querrán recorrerlos.

Vivir por la esperanza de que te llame por
   teléfono
de que ninguno quiera colgar
de la cita que hace tus manos sudar
y aun así te agarre la mano
de la mancha de helado que quedó en sus labios
y animarte a quitárselo con un beso.

Vivir por la esperanza
de un pecho que no se sienta vacío
una risa que te salga genuina
una noche que no llores
de tomar una foto sin pensar que será la última
de un brincar y que sea de felicidad
de cortarte y que sea por arrancar una flor
de ahogarte y que sea por carcajadas.

Vivir por la esperanza
de una mente en silencio
de un corazón que palpite lento
de unas manos que jamás te suelten
de la comida de mamá y su beso en tu frente
del acurruco de un gato
de un te amo verdadero
de recostarte y respirar.

Vivir por la esperanza
de sanar
de comer sin vomitar
de cicatrices cerradas
y siete meses sin cortarte
de querer vivir.

Vivir por la esperanza de,
finalmente, querer vivir.

Querido diario:

♥ ESTOY BIEN ♥

Ya no me arrepiento de cómo ha resultado mi vida. Las subidas y caídas. Incluso las recaídas.

No soy perfecta y la vida se ha encargado de hacérmelo saber más de una vez, pero incluso mis imperfecciones me traen paz. Las conozco bien, como la palma de mi mano, como las heridas en mis brazos, como las cicatrices en mis piernas, como las cuerdas que aprietan mi corazón, como los nudos en mi garganta. Las conozco bien y ellas me conocen a mí. Son mías. **Mis errores, son míos.**

Míos, míos, míos. Y no lo digo como condena, sino como alivio, porque eso significa responsabilidad. Y responsabilizarme significa que puedo ser mejor. Estoy trabajando en eso, en ser mejor. Eso también me da paz. Me da algo que desear, un objetivo, un propósito.

Hoy no me arrepiento de cómo ha resultado mi vida. Me sacudo y sigo adelante. **Hoy estoy bien.** Mañana no sé, pero, por ahora, el mañana me es irrelevante.

Una carta de amor para el artista

Para él, cuyas heridas sangran en tinta negra,
para la que llora en su cuarto
en más tonos de azul de los que ha visto
  cualquiera,
para aquel que lleva callos formados en la yema
  de sus dedos
y así pelea sus guerras,
para esa persona que danza al ritmo del mar
y ahoga el ruido de la pena,
a ti te pido
no pares de crear,
crea.

Aunque nadie vea,
aunque nadie escuche,
aunque a nadie le importe,
aunque tome cientos de años
para que alguien te note,
crea.

Aunque nadie lo entienda,
aunque sientas que no vale la pena,
aunque se burlen,
aunque juzguen,
aunque nunca lo hayas hecho antes,
aunque creas que como tú ya hay bastantes,
crea.

Porque el arte salva vidas,
al menos sé que salvó la mía.

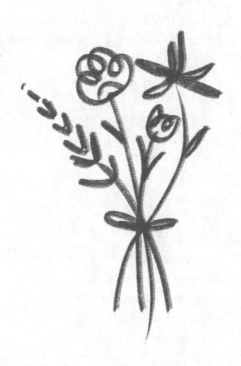

Líneas de ayuda ♡♡

Existen diversas organizaciones, redes y comunidades que pueden acompañarte, apoyarte y orientarte en caso de que lo necesites. Recuerda pedir ayuda. Eres importante.

Universidad Nacional Autónoma de México
Línea de Atención Psicológica *call center* especializada en salud mental: ofrecen ayuda de primer contacto en temas como problemas de pareja, ansiedad, depresión, crisis de pánico, entre otros.

Horario de lunes a viernes de 9:00 a 17:00 h

- ☎ 55 5025 0855
- 🐦 @CallCenterUNAM
- 📘 fb.CallCenterUNAM
- Ⓦ defensoria.unam.mx/web/atencion-psicologica

Consejo Ciudadano para la Seguridad y Justicia de la Ciudad de México
Se brindan primeros auxilios psicológicos las veinticuatro horas todos los días.

📞 55 5533 5533
🌐 consejociudadanomx.org

Centros de Integración Juvenil
Apoyo psicológico gratuito.

Horario de lunes a domingo de 8:30 a 22:00 h

📞 55 5212 1212
   55 4555 1212 ▪ 55 1856 2724
   55 3069 0030 ▪ 55 1856 5224
🌐 cij.gob.mx

Sistema Nacional de Apoyo, Consejo Psicológico e Intervención en Crisis por Teléfono
SAPTEL proporciona un servicio oportuno y eficiente para el manejo de emergencias psicológicas y crisis emocionales.

Servicio gratuito las veinticuatro horas.

📞 55 5259 8121
🌐 saptel.org.mx

Psicólogos Sin Fronteras México (PSFMx) y El Centro de Intervención en Crisis
Realiza intervenciones a distancia (vía telefónica, WhatsApp, video llamadas en diversas plataformas, etc.) para proporcionar tanto acompañamiento psicológico como colectivo, familiar e individual, así como consejería psicológica.

Horario de lunes a viernes de 8:00 a 18:00 h

📞 55 8526 1859 ▪ 55 4738 8448
🌐 psicologossinfronterasmx.org

Línea de Bienestar Emocional
Brinda atención psicológica al público en general.

📞 Línea directa: 55 5624 6003
   Conmutador: 55 5624 6500 ext. 6003

Facultad de Medicina UNAM Departamento de Psiquiatría y Salud Mental de atención Psicológica a Distancia.
Programa de atención para personas con depresión y riesgo de suicidio.

📞 55 5623 2127

INJUVE
El Instituto Nacional de la Juventud a través del Hospital de las Emociones apoya a personas jóvenes entre 12 y 29 años con consulta psicológica gratuita en casos de depresión y adicciones.

Horario de lunes a viernes de 08:00 a 16:00 hrs.

📞 55 5658 1111 Línea Joven
   55 5341 7488 ▪ 55 5795 2054
🐦 @InjuveCDMX
🌐 injuve.cdmx.gob.mx
✉️ contactoinjuve@cdmx.gob.mx

Clínica Comunitaria Eleia
La Clínica Comunitaria del Centro Eleia ofrece asistencia psicológica a bajo costo, de acuerdo a los ingresos del paciente.

Horario de lunes a viernes de 9:00 a 18:00 h

📞 55 5474 5018
Ⓦ centroeleia.edu.mx

Agradecimientos

Gracias Dios por todo, absolutamente todo.

Quiero agradecer a mi mamá Yxchel, a quien le va a encantar leer su nombre por aquí; eres mi persona favorita en todo el mundo, mi mejor amiga, mi confidente, mi abrazo favorito; eres la mujer que espero llegar a ser. Gracias a mi papá, por perdonar y pedir perdón ¡estamos aprendiendo! Lo importante es que aquí seguimos. Gracias a mi hermano Kevin que me tuvo que encontrar aquella noche, leyó la nota, me escondió los cuchillos más de una vez, me cuidó cuando mi mamita no podía. Gracias por tu paciencia y amor. Eres todo lo bueno que hay en el mundo.

Gracias a mi tía Yuritzy y Yadira por estar ahí siempre. Gracias a mi prima Areli que ayudó a cargar mi cuerpo y siguió ayudando después de eso. Gracias a toda mi familia.

¡Un enorme gracias a mi psicóloga! Salvaste mi vida, Melissa.

Gracias a Mena, tus abrazos sanan. Gracias a tu hija, Claudia, me ayudó tanto y ni siquiera se dio cuenta.

Gracias a la persona que respondió la llamada. Gracias por contestar, por haber movido cielo y tierra para salvarme. Perdón por la ansiedad, por lo demás… tú sabes quién eres. Ojalá un día podamos sentarnos a hablar y reírnos de todo lo demás.

Gracias a la enfermera Jenny del hospital psiquiátrico, a quien no le importó mojarse y puso una toalla frente a mí para que nadie me viera bañarme: no sabes lo mucho que significó eso; fue el acto de amabilidad más grande que vi ahí dentro. Gracias a las compañeras que jugaron a ser mis amigas, hicieron todo más ligero. Espero estén bien.

Gracias a todas las personas que inspiraron los poemas. Gracias a todos mis ex, espero se diviertan descifrando qué poemas son para ustedes.

Gracias a Gabo, Lirio, José que tuvieron que soportar mi amistad durante toda mi inestabilidad. Gracias por seguir soportándome.

Gracias, Luisana, por nunca juzgarme. Gracias, Laura por quererme.

¡UN GRACIAS GIGANTE A EDITORIAL PLANETA! Gracias por creer en mí y por darme la oportunidad de cumplir este sueño. Gracias a mi editora, Montse, TODO ES GRACIAS A TI.

Gracias, Luis, aquí está tu nombre. Espero que estés en mi vida por siempre. Espero escribir tu nombre en todos mis «Gracias».

Gracias a mi yo de pequeña que vivió tantas cosas. Ojalá pudiera decirle que todo estará bien. Gracias a ella por orar en las noches pidiendo que sus sueños se cumplieran, ¡mira, aquí hay un sueño cumplido! Eres fuerte, no lo olvides.

Finalmente, gracias a ti que está leyendo esto:

¡No puedo creer que me estés leyendo! Hola, ojalá supiera tu nombre; ojalá pudiera abrazarte; ojalá pudiera decirte lo mucho que vales para mí y lo feliz que me hace pensar en ti moviendo tus ojitos de izquierda a derecha ¡leyéndome!, dándome tu tiempo, un espacio en tus recuerdos. Es un privilegio. Si un día nos vemos ¡permíteme abrazarte! Ojalá me sigas dando la oportunidad de tener tus ojos sobre mis letras, te prometo mejorar como escritora. Mientras tanto, gracias, gracias, gracias, gracias, gracias.

Michelle Rangel

ADIÓS